L'ANCIENNE BIBLIOTHÈQUE

De l'Académie de Rouen

L'ANCIENNE BIBLIOTHÈQUE

DE

L'ACADÉMIE DE ROUEN

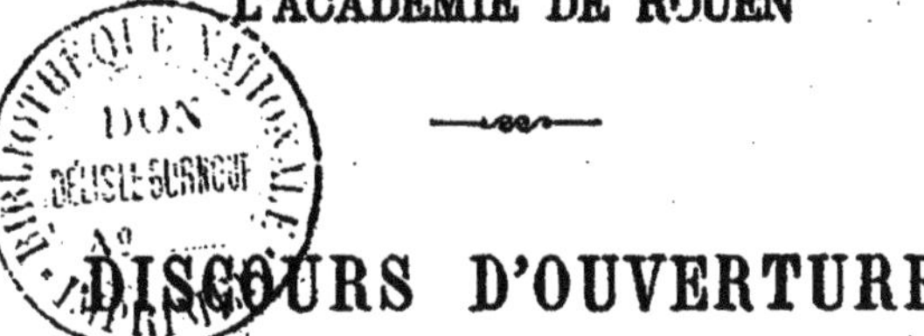

DISCOURS D'OUVERTURE

PRONONCÉ

À L'ACADÉMIE DES SCIENCES, BELLES-LETTRES ET ARTS DE ROUEN

(Séance publique du 2 Août 1882)

PAR

M. Ch. de BEAUREPAIRE, Président

ROUEN

IMPRIMERIE DE ESPÉRANCE CAGNIARD

rues Jeanne-Darc, 88, et des Basnage, 5

1883

L'ANCIENNE BIBLIOTHÈQUE

DE L'ACADÉMIE DE ROUEN

MESSIEURS,

Il est assez extraordinaire que, dans toute la première période de son existence, de 1744 à 1792, l'Académie de Rouen n'ait publié aucuns Mémoires. Il ne l'est pas moins que l'émulation ait pu durer dans cette Compagnie, sans le secours de la publicité, qui nous paraît aujourd'hui absolument indispensable, et dont il n'est pas de Société savante qui consentît volontiers à se priver. Mais il faut considérer qu'au dernier siècle on n'avait aucune idée de cette diffusion d'écrits, à laquelle nous sommes présentement habitués. Les journaux étaient alors à peine connus; les Revues périodiques étaient rares, très sommaires et peu répandues ; la plupart de ceux qui cultivaient les lettres se contentaient de l'approbation d'un petit cercle de connaisseurs sans élever leurs prétentions jusqu'à rechercher les éloges d'une foule nombreuse. Aussi, dès qu'une Académie se fut établie dans cette ville, bien qu'on ne pût attendre d'elle qu'une notoriété assez restreinte, vit-on des savants, des littérateurs et des artistes distingués solliciter ses suffrages pour être admis dans ses rangs, et soumettre à son examen les ouvrages qu'ils avaient composés. Comme elle répondait à un besoin nouveau, l'Administration et le public n'hésitèrent pas à lui accorder leur estime. Loin de lui en faire un reproche, ils prirent en bonne part le long silence qu'elle persistait à garder. On lui sut gré de s'être, en quelque sorte, oubliée ; d'avoir retardé la publication de ses Mémoires, toujours promis sans jamais paraître, pour consacrer toutes les ressources dont elle pouvait disposer à des établissements d'une utilité plus évidente, et dont la création fut saluée comme un bienfait pour ce pays.

Lorsqu'au mois de juillet 1785, Franklin vint à Rouen pour reprendre la route de l'Amérique, le *Journal de Normandie*, la seule feuille périodique qu'on connût alors, n'eut pas un mot pour un personnage aussi éminent. Peut-être, à part le *Journal de Voyage* de Franklin (1), ne nous resterait-il aucune trace de son

(1) 16 juillet. « Une députation de l'Académie de Rouen est venue me faire ses compliments en cérémonie. Un des directeurs (Baillière-Delaisement) m'a fait présent d'un *carré magique* où il m'a dit, je crois, qu'était mon nom. Je l'ai examiné ensuite, mais je n'y ai rien

passage parmi nous, si l'Académie n'eût députe vers lui, et, par une remarquable exception à ses usages, n'eût fait insérer dans ses Registres le compliment qu'elle s'était permis de lui adresser (1).

En cette circonstance, elle était fondée à se considérer comme l'organe de l'opinion du pays. Elle la représentait certainement encore, et dans une de ses plus vives préoccupations, par l'intérêt très marqué qu'elle ne cessa de prendre pendant un demi-siècle à toutes les questions qui intéressaient l'instruction publique.

Il suffirait, pour en juger, d'énumérer les mémoires relatifs à cet important sujet, dont nous trouvons la mention dans ses procès-verbaux, depuis celui que l'abbé Terrisse rédigeait en 1746, où il démontrait combien l'instruction était nécessaire aux habitants des campagnes, jusqu'à celui que les Administrateurs du département sollicitèrent de l'Académie, et qu'ils adressèrent à l'Assemblée Nationale, en 1791.

Plusieurs de ces mémoires ne nous sont connus que par des analyses ou par des extraits. Mais il en reste assez pour que nous puissions nous faire une idée exacte des systèmes préconisés et approuvés, au moins en principe, par ceux auxquels ils furent soumis. En tous on remarque ces caractères signalés par M. de Tocqueville

compris. Le fils du duc de Chabot, qui a récemment épousé une Montmorency, et qui est colonel d'un régiment à Rouen, s'est trouvé présent à la réception. » Correspondance de Benjamin Franklin, traduite de l'anglais, par E. Laboulaye. Paris, Hachette, 1866, tome II, p. 393, 394.

(1) Ce fut M. Poullain qui porta la parole au nom de l'Académie.

dans ses belles études sur l'*Ancien Régime et la Révolution* (1) : « Attrait pour les systèmes complets de législation ; mépris des faits existants ; envie de refaire d'une seule fois la constitution tout entière suivant les règles de la logique et d'après un plan uniforme, au lieu de chercher à l'amender dans ses parties ».

Heureusement pour sa réputation, l'Académie de Rouen ne se borna pas à discourir. Elle fit mieux : elle fonda des établissements durables, dont l'objet n'était autre que l'instruction envisagée par son côté pratique et populaire.

Elle s'était, pour ainsi dire, annoncée par la création d'un Jardin des Plantes : ce fut sa première œuvre. Elle fonda, depuis, des écoles de botanique, de chirurgie, de dessin, de mathématiques et d'hydrographie. Elle songea, vers la fin, à l'ouverture d'une bibliothèque publique, moins spéciale et plus moderne, quant à sa composition, que la bibliothèque du Chapitre de la cathédrale.

Ces divers établissements ont passé en d'autres mains. Ils ont été installés, organisés par elles, avec des ressources et dans des conditions qui rendent la comparaison impossible entre ce qu'ils sont devenus et ce qu'ils étaient autrefois. Mais on conviendra que le plus difficile c'était de commencer. Il ne restait à l'Administration que le mérite de s'engager résolûment dans une voie qui avait été ouverte par l'initiative privée, et d'achever, avec l'argent de tous, ce que des particuliers avaient ébauché de leurs propres deniers et à leurs risques et

(1) 1re éd., p. 246, 247.

périls. Quel qu'ait été l'éclat des cours publics à Rouen depuis cinquante ans, on se rappelera toujours avec reconnaissance le nom de professeurs, tels que Pinard, pour la botanique; Descamps, pour le dessin; Le Cat, David, Laumonier, pour la chirurgie; Bouin, Ligot, pour les mathématiques, et Dulague, pour l'hydrographie. On ne saurait oublier non plus des élèves tels que le naturaliste Valmont de Bomare; le médecin Lamauve; les graveurs Lemire, Le Veau et Strange; les peintres Le Barbier, Lavallée-Poussin et Lemonnier; les architectes Couture et Vauquelin; les ingénieurs Brémontier et Forfait, et le plus remarquable de tous, Bernardin de Saint-Pierre, lauréat de l'Académie pour le dessin, en 1755, et pour les mathématiques, en 1757.

Chacune de ces écoles mériterait assurément une étude approfondie. Forcé de me tenir dans d'étroites limites, je me contenterai de dire quelques mots de l'ancienne bibliothèque de l'Académie, bien que le temps ait manqué à nos prédécesseurs pour lui donner tout le développement qu'ils avaient en vue.

Il faut croire que dès 1766 ils possédaient une collection de livres d'une certaine importance, puisque l'un d'eux, le chanoine Cotton Deshoussayes, bibliothécaire de la Sorbonne, en rédigeait le catalogue en un volume in-12 d'environ 300 pages.

A ce premier fonds, formé, sans doute, des dons des académiciens résidants et associés, vint bientôt s'en ajouter un autre, beaucoup plus considérable. Le 17 août 1768, Cideville vendait à l'Académie sa bibliothèque moyennant une rente viagère de 400 livres, et à condition qu'on lui en laissât l'usage jusqu'à sa mort, qui arriva le 5 mars 1776. Mais, dès le mois de septembre 1774, il avait cédé par anticipation à ses confrères tous les livres qu'il avait rassemblés à son château de Launay et dans son hôtel de Rouen, ne se réservant que ceux qu'il gardait près de lui à Paris. Le catalogue de toute sa bibliothèque avait été rédigé avec soin, en deux exemplaires, de plus de 400 pages in-folio chacun. Ce catalogue comprenait 1,144 articles, formant un total de plus de 2,000 volumes.

Cette bibliothèque, d'un homme de goût plutôt que d'un érudit, parut assez intéressante aux échevins pour qu'ils crussent devoir mettre à la disposition de l'Académie, dans le bâtiment même de l'Hôtel-de-Ville, un appartement affecté à son installation, et pour qu'on songeât dès lors à la rendre publique.

L'acte de libéralité des échevins fut dû principalement au crédit et aux démarches de M. Dornay, l'un des membres de Bureau de l'Hôtel-de-Ville. C'est lui qui, à l'âge de quatre-vingt-quinze ans (il mourut dans sa cent-sixième année) faisait ainsi ses adieux à la vie dans une pièce de vers lue en 1823.

> J'ai chanté mes quatre-vingts ans;
> J'étais jeune encore à cet âge.
> J'avais encor des goûts, des désirs et des sens;
> Quelques fleurs se montraient parfois sur mon passage.
> Je croyais au bonheur : c'était presque en jouir.
> Ce beau rêve a passé, pour ne plus revenir.

On n'eut pas de moindres obligations à Haillet de Couronne, lieutenant-général au bailliage, bibliophile passionné et bibliographe érudit, qui dès ce temps-là méditait un ouvrage dans le genre de celui que nous devons aux profondes recherches de notre savant confrère M. Edouard Frère. C'était lui qui avait négocié l'achat de la bibliothèque de Cideville; qui s'était chargé, avec MM. de Cessart et Descamps, de son installation et de son classement. Le 6 novembre 1777, il adressait à Necker, alors Contrôleur-Général, la lettre suivante dont nous empruntons le texte à nos Registres de délibérations.

« Monsieur, l'Académie royale des sciences, belles-lettres et arts de Rouen a recours à vous, homme d'Etat et homme de lettres. Vous lui permettrés, sans doute, toute confiance en vos bontés.

« Cette compagnie littéraire, possédant un nombre assés considérable de livres, désireroit que sa bibliothèque pût devenir d'un usage public et général; mais les fonds nécessaires pour la location d'un emplacement lui manquent.

« Tandis que la France reçoit de vous, Monsieur, une activité toute nouvelle, et tandis que l'influence d'un génie créateur porte dans l'ordre civil et politique l'âme et la vie, défendra-t-on à la patrie des Corneille et des Poussin de compter sur votre bienfaisance?

« Il n'y a point à Rouen de bibliothèque publique, et vous êtes fait, Monsieur, pour apercevoir et pour sentir qu'en procurant aux citoyens d'une grande ville un moyen nouveau d'acquérir des connaissances et d'étendre leurs lumières, vous les appelés tous à concourir au succès de vos vues et à seconder votre génie. Vous êtes même personnellement intéressé à cet établissement, puisqu'en augmentant le nombre des hommes éclairés vous multipliés celui de vos admirateurs.

« Peut-être seroit-il possible que, dans la répartition de revenus publics, M. l'Intendant pût sans inconvénient vous proposer d'assigner soit une rente de 600 liv., soit une somme de 8,000 liv. une fois payée pour remplir un objet si digne de vous. Quelque résolution, Monsieur, que vous preniez à cet égard, l'Académie se félicitera d'avoir eu une occasion de vous offrir ses vœux pour la stabilité d'une administration si pure et si éclairée et d'y joindre l'hommage des sentiments respectueux avec lesquels nous sommes, Monsieur, vos très humbles et très obéissants, les titulaires et associés de l'Académie de Rouen. » Signé : Haillet de Couronne, Secrétaire perpétuel.

Cette lettre ne pouvait manquer d'être favorablement accueillie. A la date du 15 décembre suivant, Necker y répondait en ces termes :

« J'ay reçu, Monsieur, la lettre que vous m'avez fait l'honneur de m'écrire, au nom de l'Académie de Rouen, pour me témoigner le désir qu'elle a de placer d'une manière convenable et de rendre publique la bibliothèque qui lui appartient. Les motifs qui animei l'Académie m'ont paru dignes des citoyens zélés et éclairés qui la composent; et, comme cet établissement doit contribuer à la fois à l'Instruction générale et à l'encouragement des lettres, je vous prie d'assurer l'Académie que je me ferai un plaisir de seconder ses vues. J'écris en conséquence à M. l'Intendant, comme vous le désirés, et, aussitôt que j'aurai reçu sa réponse, je vous ferai part des dispositions que je croirai devoir faire à ce sujet.

« Je vous dois, Monsieur, des remerciements particuliers pour toutes les choses obligeantes que contient votre lettre. Le suffrage des hommes honnêtes et désintéressés est la récompense que j'ambitionne. Vous ne devez pas douter qu'à ce titre je ne sois infiniment flatté de celui de l'Académie et du vôtre.

« Soyez persuadé, je vous prie, de la parfaite considération avec laquelle j'ai l'honneur d'être, Monsieur, votre très humble et très obéissant serviteur.

« Necker » (1).

Quelques mois après, le Contrôleur-Général affectait sur les fonds de la Recette Générale de Rouen une somme de 600 livres à percevoir chaque année pour la bibliothèque de l'Académie. Cette somme fut payée jusqu'en 1793 : elle servit exclusivement à l'achat de livres ; rien n'en était détourné pour le bibliothécaire, qui ne toucha jamais ni traitement, ni indemnité.

Après Cotton Deshoussayes, on confia le soin de la Bibliothèque à l'abbé Vrégeon, curé de Salmonville-la-Sauvage. L'importance exagérée qu'il attachait à sa commission, quelques observations désobligeantes qu'il eut le mauvais goût d'insérer dans le catalogue, imprimé

____

(1) L'Académie donna à Necker un témoignage de sa reconnaissance en le nommant, par acclamation, associé libre, le 18 novembre 1778.

à ses frais et de son autorité privée, lui valurent de justes critiques de la part de ses confrères, qui le remplacèrent, le 7 août 1788, par Dom Gourdin, plus tard bibliothécaire de cette ville, décédé en 1825. Il est assez singulier de voir l'Académie, afin de se débarrasser de l'abbé Vrégeon, faire intervenir l'autorité royale dans une question aussi mesquine, et solliciter un brevet de nomination en faveur du nouveau titulaire. Ce dernier, en vertu de co brevet, se crut autorisé à prendre, ainsi que l'avait fait, du reste, son prédécesseur, le titre de Bibliothécaire du Roi et de l'Académie.

Six années auparavant, le 7 août 1782, on avait pu annoncer, en séance solennelle, que cette bibliothèque était enfin ouverte au public.

La *France littéraire*, en 1784, l'annonçait à son tour en ces termes : « Cette bibliothèque n'est pas encore parvenue à la perfection qu'elle aura un jour, à l'aide des dons qui la grossissent chaque année. Elle est particulièrement remarquable par le nombre des manuscrits qui y sont déposés. La plupart doivent entrer dans les Mémoires de l'Académie, dont on désire depuis longtemps la publication. Cette bibliothèque se tient à l'Hôtel-de-Ville. Les jours où elle est ouverte sont les mercredis et les samedis, excepté les vacances, seulement l'après-midi depuis deux heures jusqu'à quatre heures. »

Quatre heures en tout par semaine, c'était, il faut bien le reconnaître, une faible publicité, surtout si on la compare à celle que le Chapitre, sans subvention de l'Etat, avait depuis longtemps donnée à sa bibliothèque. Celle-ci était ouverte, en effet, tous les jours, le matin

de neuf heures à midi, et le soir de trois à cinq heures.
On a lieu de s'étonner que dans sa lettre à Necker
Haillet de Couronne n'ait pas jugé à propos de la men-
tionner.

Parmi les dons qui furent faits à la bibliothèque de
l'Académie, les suivants m'ont paru mériter d'être
notés.

M. Le Tort d'Anneville offrit, le 22 janvier 1782, trois
volumes in-folio, manuscrits, des œuvres de l'abbé de
Saint-Pierre. Il déclarait les avoir achetés des héritiers de
l'auteur, et les signalait comme des documents très précieux, non seulement par les matières qui y étaient
traitées, mais encore par les notes autographes du
célèbre publiciste. Ce fut vraisemblablement la présence
de ces manuscrits dans leur dépôt qui inspira aux académiciens la pensée de mettre au concours de l'année
1791 « l'Eloge de l'abbé de Saint-Pierre, philan-
thrope, dont les conceptions avoient été regardées
comme les *rêves d'un homme de bien*, et dont la Révolution, en se développant par de bons principes et
l'union étroite de la philosophie et de la religion, faisoit
entrevoir la prochaine réalisation ». Ce sont les propres
termes du discours prononcé par M. Rondeaux de
Montbray, l'un des derniers Directeurs de l'Académie.

À partir du 9 juillet 1783, pendant plusieurs années,
Lépecq de la Clôture déposa à cette bibliothèque les
observations météorologiques et nosologiques qu'il eut
l'occasion de faire à Rouen et aux environs.

Le 12 nov. 1782, elle s'était enrichie de trois volumes
in-octavo, reliés en maroquin rouge, ornés des armes de

l'Académie. Le donateur n'était autre que Marat, docteur en médecine et médecin ordinaire des gardes du corps du comte d'Artois. Dans sa lettre d'envoi, il se déclarait l'auteur d'un mémoire sur l'électricité médicale, que l'Académie venait de couronner : il la suppliait de garder le secret sur son nom jusqu'à ce que les circonstances lui permissent de se faire connaître au public. La célébrité paraît avoir été dès ce temps le rêve de son ambition. Il devait y arriver, quelques années plus tard, par une voie qui ne fut rien moins qu'académique.

Un don plus précieux fut celui que fit Caffieri, sculpteur du Roi, le 11 mai 1785, de trois bustes en terre cuite, de sa composition, représentant les deux Corneille et Rotrou (1).

Mais on aurait beau compter tous les présents qui, d'année en année, vinrent enrichir la bibliothèque de l'Académie, sa collection de gravures, et même ce qu'elle appelait déjà son *Cabinet d'Antiques*, on ne trouvera rien qui puisse entrer en comparaison avec les livres de Cideville, avec ses manuscrits, ni surtout avec les lettres qui lui avaient été adressées par Voltaire, par d'autres personnages célèbres de l'époque, notamment par la marquise de Créquy, par Bréquigny, et par l'abbé Du Resnel.

____

(1) Le 24 juillet 1882, l'abbé Yart avait annoncé son intention de donner à l'Académie sa bibliothèque, en se réservant le droit d'insérer des remarques sur les marges des livres, à l'exemple de quelques savants. Mais on ne voit pas qu'il ait effectué cette donation. L'abbé Yart mourut aux Andelys, en juillet 1791.

J'emprunterai à la correspondance de ce dernier une citation qui pourrait trouver sa place dans l'histoire de la censure en France au dernier siècle. Pour faire mieux recevoir le peu que j'ai à dire, je rappellerai que Jean-François Du Resnel, sieur du Bellay, était né à Rouen le 29 juin 1692; qu'il fut membre de l'Académie des Inscriptions et de l'Académie française; qu'il se fit avantageusement connaître par des traductions en vers français de quelques-unes des œuvres de Pope, traductions que ce dernier trouvait beaucoup trop libres et qui perdent à être rapprochées de celles de Delille et de Fontanes (1).

L'abbé Desfontaines, né aussi à Rouen, s'étant avisé de traduire en prose les œuvres de Virgile, eut besoin de l'approbation de Du Resnel, qui était alors censeur royal. Il lui adressa les premiers exemplaires de son édition en le priant d'avoir égard à son peu de fortune, et de lui épargner des cartons qui l'obligeraient à des frais sans grande nécessité. Il lui représentait, d'ailleurs, qu'il ne parlait ni de l'Etat, ni de l'Eglise, ni de rien qui ne fût purement littéraire, et qu'il ne faisait qu'user de son droit en se prononçant sur des matières de goût et d'érudition. « Du reste, ajoutait-il, les supérieurs ne sont pas tout à fait si sots ni si injustes que j'ai vu des approbateurs timides et scrupuleux le supposer. J'ai entendu dire à feu M. Lancelot qu'il n'approuverait pas le Père Daniel, et que, s'il avait été cen-

____

(1) Le 13 août 1783, M. de Fontanes offrit à l'Académie de Rouen sa traduction en vers français, de l'Essai sur l'homme, de Pope.

seur juif, il n'aurait pas approuvé les quatre livres des Rois, s'il y eût eu alors des censeurs. »

Du Resnel donna la permission et la traduction parut.

Le public ne tarda pas à s'apercevoir qu'il s'y trouvait quelques critiques à l'adresse de Fontenelle et de Voltaire, et que le traducteur, dans son introduction, prenait parti, d'une manière trop vive, et avec la violence naturelle à son caractère, dans cette querelle des anciens et des modernes qui passionnait encore les esprits, et à laquelle d'autres préoccupations nous ont rendus assez indifférents. Plusieurs surent mauvais gré à Du Resnel d'avoir donné l'approbation.

La défense de ce dernier eût été, ce nous semble, bien facile. Avait-on investi les censeurs d'une sorte d'autorité publique, pour ne laisser passer que des ouvrages d'un goût parfait et d'une critique absolument irréprochable? Si c'était ainsi que l'on entendait leur rôle, comment auraient-ils pu l'accepter sans la plus étrange présomption? N'était-ce pas assez pour eux de prendre garde aux idées qui pouvaient paraître subversives de la morale et de l'ordre public?

Mais Du Resnel se défendit tout autrement. Ses lettres à Cideville nous montrent à quelles considérations, purement personnelles, obéissaient alors les censeurs. Je cite un fragment d'une de ces lettres : elle porte la date du 23 août 1743.

« Je vous dirai que par l'affaire la plus désagréable qui me soit arrivée en ma vie, et que je ne me suis attirée que par la profonde estime que j'ay pour MM. de Fon-

tenelle et de Voltaire, et le parfait mépris que j'ay toujours eu pour l'abbé Desfontaines, je me suis fort bar-
bouillé avec eux, leurs amis et plusieurs autres auteurs,
que ledit abbé a critiqués dans le discours et les notes
dont il a accompagné la traduction de son Virgile.
Après lui avoir fait ôter beaucoup de personnalités, j'y
ai laissé grand nombre de traits de critique qui m'a-
voient paru, et à un de mes amis, partir de trop bas
pour croire que MM. de Voltaire et de Fontenelle pus-
sent s'imaginer qu'ils allassent jusqu'à eux, et je m'é-
tois imaginé qu'ils ne retomberoient que sur l'abbé Desfontaines, qui les a beaucoup loués, et en plusieurs en-
droits, surtout M. de Voltaire. Mais, quand il s'agit
de l'amour-propre des autres, il faut toujours compter
qu'il est de la plus extrême délicatesse, en sorte que je
suis obligé de convenir que j'ay été un sot, de peur de
passer pour un malhonnête homme, si j'avais par malice
laissé imprimer des traits désobligeants contre gens que
je révère et que j'ayme. Quoy que j'aye dit à M. de Fontenelle qu'il n'y avoit eu que de la bêtise dans mon
affaire, et que j'en étois au désespoir, quoyque luy-
mesme ait paru bien recevoir mes excuses, je sais qu'il
a été mortifié. Je ne crois pas qu'il voulût m'associer
à travailler avec luy aux règlements de votre Académie. »

Quatre mois après le dépit durait encore : Mme du
Châtelet, surtout, se montrait fort animée contre le
censeur, qui songea un moment, pour détruire le mauvais effet de sa prétendue complicité, à écrire à Voltaire
une lettre publique pour désavouer l'abbé Desfontaines,

L'abus que l'on faisait de la censure est attesté par un autre exemple, que nous fournissent encore les archives de l'Académie.

Quelle raison, tant soit peu valable, pouvait-on alléguer pour justifier le renvoi à un censeur d'un ouvrage comme celui-ci :

« Essais étymologiques en forme de dictionnaire sur les noms des villes et sur ceux d'une partie des bourgs et des paroisses de Normandie et du Vexin français? »

Et cependant, le chevalier de la Maltière, nommé censeur spécialement pour cet ouvrage, par le Garde des Sceaux, comprenait si peu le ridicule d'une pareille nomination, que, le 24 novembre 1784, il donna communication à l'Académie, comme s'il se fût agi pour lui d'un titre d'honneur, de la lettre qui lui avait été écrite à cette occasion par M. de Villedeuil, alors chargé du service de la librairie.

Ce sont là quelques traits, pris un peu au hasard, et entre mille, que nos archives pourraient fournir pour l'histoire de la littérature au xviii° siècle. Ces archives nous furent rendues en 1804, ainsi que tous les mémoires manuscrits qui formaient la partie la plus précieuse de nos collections. On nous attribua, dans le même temps, toutes les pièces couronnées dans les concours d'une autre Académie plus ancienne, exclusivement fondée dans un but religieux et poétique, l'Académie des Palinods ou de l'Immaculée-Conception.

Quant aux livres de l'Académie, ils ont continué à faire partie de la bibliothèque communale, à laquelle ils avaient été réunis, après avoir formé pendant plusieurs années, de 1791 à 1797, la seule bibliothèque quelque peu publique qu'il y eût à Rouen (1). On les reconnaît à la sphère dont ils sont marqués.

Depuis son rétablissement en 1804, notre Compagnie a repris son œuvre. Elle s'est créée une nouvelle bibliothèque assez considérable, et qu'elle a la satisfaction de voir s'accroître, de jour en jour, par les dons de ses membres et par l'échange qu'elle fait de ses Mémoires contre ceux de cent deux Sociétés savantes de France et de trente-et-une Sociétés savantes de l'étranger.

Cette bibliothèque est jointe, sans avoir cependant été confondue avec elles, à celles des autres Sociétés savantes de Rouen.

Il s'est formé de la sorte une bibliothèque commune qui ne fait point double emploi avec la bibliothèque municipale, et qui ne peut manquer de se développer d'une manière constante, sans exiger autre chose que de l'ordre et de la surveillance.

La *Revue des Sociétés savantes*, rédigée sous les

____

(1) L'art. iv du titre vi de la loi du 3 brumaire an IV disposait qu'il y aurait dans chaque École centrale une bibliothèque publique, dont le gardien serait assimilé, aux termes de la loi du 20 pluviôse an III, aux professeurs de la même école, quant à la nomination et au traitement. Le défaut d'argent ne permit pas d'organiser, dans le sein de l'Ecole centrale de Rouen, ce dépôt destiné, dans la pensée des législateurs, à compléter les leçons du professeur. Un dépôt général de livres avait été formé, à Saint-Ouen, de toutes les bibliothèques des communautés religieuses et des émigrés; mais malgré l'activité de Gourdin, on était embarrassé de tant de richesses, et, en attendant un classement qui ne pouvait être que long, on ne tirait aucun parti des 100,000 volumes entassés dans les galeries de Saint-Ouen. Pour donner dans la mesure du possible satisfaction à la loi

auspices du Ministre de l'Instruction publique, permet de juger du mouvement scientifique et littéraire qui s'accomplit présentement en France, par le fait de toutes les associations qui y ont été fondées. Elle permet, par cela même, de reconnaître l'intérêt très sérieux que doit présenter un dépôt formé à peu près exclusivement des publications variées de ces nombreuses associations. On a là les résultats d'un travail collectif notable et qui laisse bien loin en arrière tout ce qu'on a pu faire ou même rêver au dernier siècle.

Tôt ou tard on suivra l'impulsion qui a été donnée par l'administration supérieure, on s'inspirera de ce qui a été réalisé à Lyon, et dans quelques grandes villes d'Angleterre et d'Amérique. Les Sociétés savantes sont unies entre elles par un intérêt commun ; il n'en est pas une qui, d'une manière ou d'une autre, n'ait en vue l'intérêt public ; il est donc tout naturel qu'elles tendent à faire un dépôt accessible à tous et libéralement organisé des milliers de volumes qui chaque année s'accumulent

du 3 brumaire an IV, on arrêta, le 12 vendémiaire de la même année, que la bibliothèque de la ci-devant Académie, sise petite cour de la Commune, serait provisoirement ouverte les duodi et sextidi de chaque décade. Gourdin, qui en avait été nommé gardien par ses confrères dès 1788, en accepta de nouveau la direction. Le 6 prairial an V, les professeurs de l'École centrale demandèrent qu'elle leur fût remise et qu'elle fût installée dans le local de cet établissement. Leur demande, souscrite des noms de Bignon, Le Tellier, L'Hoste, Auber, Formage et Le Carpentier, fut rejetée. Ils demeurèrent sans livres comme sans traitements. Peu de temps après on la transféra dans le local de Saint-Ouen, où elle occupa pendant plusieurs années un appartement particulier. La translation et l'ouverture en furent annoncées par les journaux et par des affiches. *Archives du département.*

dans leurs archives. Pour arriver à ce résultat il faudrait, on nous permettra d'en exprimer l'espoir, ce que notre Compagnie obtint, pour des collections moins nombreuses et moins intéressantes, de l'Hôtel-de-Ville, en 1782, du Contrôleur Général, en 1784 : un local et une subvention.

Lorsque ces deux conditions auront été remplies, on peut être assuré que l'Académie se prêtera volontiers à toutes les mesures qui seront proposées pour mettre ses collections à la disposition du public. Elle se rappellera ses traditions : le seul objet de ce discours, que l'usage m'imposait, était de les faire connaître, et de nous recommander, s'il en était besoin, par ce nouveau titre, à la bienveillance de nos concitoyens.